Der Weg zum Erfolg in der Hundezucht & Katzenzucht

12 Erfolgsstrategien + Fragen - Antworten

EINLEITUNG

! Achtung ! Das ist ein Buch zur Optimierung der Zucht von Hunden und Katzen, kein Buch zur Erklärung der Zucht von Hunden oder Katzen, es geht hier ums Geschäft!

Mit diesem Buch möchte ich den Leser das Geschäft einer Hundezucht und auch Katzenzucht erklären, ich gehe hier ganz bewusst nicht auf Verpaarungen, Geburten, Genetik Decktagbestimmung , Trächtigkeit usw. ein, es geht hier darum in der Zucht weiterzukommen, und einen besseren Ertrag zu erzielen und um den Züchter der dahintersteht zu motivieren.

Ich bin Kathleen Baron, mein größter Wunsch war es immer Hunde zu züchten und davon leben zu können, anfangs, als ich noch in einer Wohnung gewohnt habe hatte ich 3 Hündinnen, eine große Wohnung mit einem extra Welpen Zimmer.

Was ich auch Dir empfehlen möchte.

Ich werde dich in diesem Buch mit Du ansprechen, weil ich es angenehmer und einfacher finde, außerdem geht dann das gesagte bzw. das gelesene tiefer ins Bewusstsein.

Natürlich bin ich damals ganz normal arbeiten gegangen, hatte aber stets Glück, das ich relativ spontan Schichten tauschen konnte um bei den Geburten und sonst Wichtigen Dingen Teil haben konnte, was natürlich aus meiner Sicht zwingend nötig ist!

Und jetzt nach über 23Jahren in der Hundezucht möchte ich dich an meinen Fehlern und auch Erfolgserlebnissen Teil haben lassen.

Ich hoffe Du bist gespannt und offen für evtl. neue Erkenntnisse, vielleicht auch für Tipps und Tricks die auch du anwenden möchtest und somit auch deinen Umsatz steigern kannst, ich würde es mir wünschen.

Danksagung

Ich lese in so vielen Büchern mit Begeisterung und Hingabe die Danksagung und finde sie schlichtweg wundervoll, viele berührten mein Herz.

Ich bin ein wirklich sehr Dankbarer Mensch, ich hatte und habe ein wundervolles Leben, ich bin für jeden Tag und jede Minute sehr Dankbar, ich würde auch Alles wieder so machen, wie ich es gemacht habe, nur leider habe ich mich hier in diesem Buch und rund um dieses Buch nicht wirklich bei jemandem zu bedanken, außer mir selbst und natürlich bei meinen Tieren, die dieses Buch erst ermöglicht haben.

Ich bin sehr stolz auf mich, dass ich mir die Zeit genommen habe zu schreiben, nachts, morgens, abends, nach und vor der Arbeit.

Es war für mich einfach wichtig das zu tun, wichtig Dich vor meinen Fehlern zu verschonen, wichtig mal ein Richtiges Buch über das Geschäftliche hinter der Zucht zu schreiben, den Rest in der Zucht lernst du sowieso mehr als genug beim Tun und es kommt sowieso immer anders als du denkst oder gelernt hast.

Natürlich habe ich auch Hunde Bücher und Zuchtbücher gelesen, aber wirklich Wertvoll und Nachhaltig war und ist nur die Praxis.

Ich arbeite aber gleichzeitig an einem Zuchtbuch indem ich direkt auf die Zucht und die Arbeit und Arbeitserleichterung in der Zucht schreibe, sowie über Einsparmöglichkeiten und Optimierung der Zuchttiere.

Erfolgsstrategie Nr.1

Richtig beginnen

Die *Grundausstattung* in der Zucht ist mindestens genauso wichtig, wie wenn du eine andere Art von *Geschäft* eröffnest.

Bitte schau dich vorher genau um, welche Rasse du züchten möchtest, es sei denn, du bist so verliebt und hast deine Rasse schon gefunden.

Einkauf einer Zuchthündin / Zuchtkatze, bitte bitte mach nicht den Fehler und kauf dir eine Hündin bzw. eine Katze aus einem kleinen Wurf, so schön sie auch sein mag und so toll die Abstammung auch ist, all das kannst du auch hinbekommen.

Wichtig ist also ein großer Wurf, je nach Rasse natürlich, dann spielt auch die Farbauswahl eine wichtige Rolle, du möchtest ja viele verschiedene Farben in deinen Würfen für die Kunden zur Auswahl haben, oder?

Beispiel:

Du möchtest British Kurzhaar züchten, in blau, kein Problem, gern kannst du dir eine blaue Katze kaufen, aber bitte achte darauf, dass sie auch andere Farben trägt, so dass du spielen kannst, wenn mal blau nicht so gefragt ist, könntest du mit einem anderen Deckkater, außer blau auch andere Farben bekommen, das ist schon schwieriger, wenn deine Katze aus einer reinen Blau-Zucht kommt.

Natürlich sollten bei dem Kauf eines Zuchttiers auch die Untersuchungsergebnisse der Elterntiere passen, sowie das bzw. deinem Schönheitsideal entsprechen, du weißt ja, Schönheit liegt immer im Auge des Betrachters.

Der Züchter, bei dem du das Tier kaufst sollte dir natürlich auch sympathisch sein & du solltest ein gutes Bauchgefühl bei Ihm haben, hier möchte ich nicht ins Detail gehen.

Du solltest hier bitte unbedingt darauf achten, dass du alle notwendigen Unterlagen zu dem Tier bekommst, Kaufvertrag, Abstammungsnachweis, Untersuchungsergebnisse der Elterntiere, Zuchterlaubnis für dieses Tier, falls es sich demnach entwickelt, besonders bei Katzen ist darauf zu achten, das keine Zuchtsperre eingetragen ist, also bitte offen und ehrlich beim Kauf sagen, dass du ein Tier für die Zucht suchst, vielleicht empfiehlt dir dann der erfahrene Züchter auch ein ganz anderes Tier aus dem Wurf, was sich besser entwickelt hat als das, was du dir ausgesucht hast, der Züchter ist da vielleicht erfahrener als du.

Vielleicht kaufst du dir auch ein erwachsenes Tier, dann siehst du zumindest schon, ob es sich dem Äußeren nach so entwickelt hast, wie du es dir vorstellst, und du kannst sofort mit der Zucht beginnen, hast also viel Zeit und am Ende auch Geld gespart.

Bitte bei männlichen Tieren auf die Hoden achten, viel kannst du ja beim Kauf eh nicht sehen, aber Hoden, Zähne, Nabel, evtl. Narben am Bauch, all das was du sehen kannst solltest du vor dem Kauf gut checken.

Bei einem kleinen Bestand würde ich dir empfehlen den Rüden im Bekanntenkreis *zu parken* vielleicht hast du ja jemanden in der Nähe, vielleicht sogar Familie, die genauso verliebt sind in diese Hunde oder Katzen, dass sie dich unterstützen und das männliche Gegenstück bei sich liebevoll und bestens umsorgen!

Das wäre ein Sechser im Lotto.

Du hast in dem Moment einen Platz mehr für ein weibliches Zuchttier, und hast es aber auch nicht so weit zum Decken und dann noch kostenlos – natürlich je nach Vereinbarung.

Wenn du dort einen Deckkater oder Deckrüden * unterstellst * bitte Immer mit Vertrag!!!

Auch wenn es die eigene Familie ist, mach einen Vertrag, so weiß jeder auf was er sich geeinigt hat.

Perfekt, du bist bestens ausgestattet und kannst Starten!

Ich setze jetzt mal den gesundheitlichen Top Zustand deiner Zuchttiere voraus und werde darauf nicht weiter eingehen, dieses Buch ist eine Kurzanleitung rund um das Geschäft der Hundezucht und Katzenzucht, nicht um die Hundezucht / Katzenzucht speziell.

Also weiter geht's, du bist soweit und hast jetzt verkaufsfähige Welpen / Kitten oder zumindest tragende Muttertiere und gehst in den Verkauf, dazu mehr Tipps im nächsten Kapitel.

2. Richtig verkaufen

So, du bist die Ersten Schritte gegangen, du erwartest sicher Nachwuchs.

Hier macht es sich immer gut, schon mal eine Deckmeldung zu veröffentlichen, vielleicht finden sich ja schon Interessenten, die dich und deine Zucht schon vorher kennenlernen möchten

Bitte mach dir vorher über deine Preise Gedanken, dein Preis für den Nachwuchs sollte auf keinen Fall zu günstig sein, das kann sehr unseriös wirken.

Der Preis sollte mit deinem Gefühl übereinstimmen, es bringt nichts zu hoch ranzugehen, wenn du dich dabei nicht wohl fühlst, dann wird das nix mit dem Verkauf, denn du hast vielleicht stets im Kopf, dass du keinen Käufer finden wirst.

Eigentlich ist der Preis aber auch nicht so entscheidend für den Käufer, wenn der Rest passt verkaufst du auch, wenn du der Teuerste Züchter in ganz Deutschland bist, einer ist ja wohl immer der Teuerste, oder? Warum nicht du?

Bist du ein guter Verkäufer? Das ist sehr Wichtig, nein, es ist das Wichtigste.

Natürlich solltest du lieben, was du tust, also es gehört natürlich auch eine riesen Portion Liebe zu deiner Arbeit mit den Tieren.

Denn Erfolg ist das was dir folgt, wenn du tust, was du liebst.

Was bringt es dir also Hunde oder Katzen zu züchten und diese nicht verkauft zu bekommen?

Nix.

Oder viel mehr noch, es bringt dir Stress und Druck, da die nächsten Tier Babys ja schon auf sich warten lassen und du vielleicht nur begrenzten Platz zur Verfügung hast.

Also, nun ein paar Verkauf-Tipps:

Bilder, wichtig sind die Bilder, die zukünftigen stolzen Besitzer verlieben sich meist schon bei deinem Inserat, also süße, wunderschöne Bilder, bitte nicht zu viele der kleinen auf das Bild, die Leute können sich da schlecht entscheiden, wenn sich viel Nachwuchs eingestellt hat, vielleicht solltest du mehrfach inserieren, je ein Inserat pro Geschlecht.

Beispielsweise sind es 6 braune Labrador Kinder, 3 Jungs, 3 Mädels, ich würde sie separat inserieren, ich würde keine 6 Welpen auf ein Bild bringen, erstmal ist es sehr zeitaufwändig ein schönes Bild mit 6 Welpen, die Alle süß aussehen sollen hinzubekommen. Oder du kannst es hinbekommen, benötigst aber sehr viel *Personal* was mithelfen muss.

Laut Umfragen können sich auch Kunden schlechter bei einer großen Auswahl entscheiden, und du möchtest doch, dass sie die Kunden für deine Tiere entscheiden, oder?

Also mach am besten süße Einzelfotos, das macht mehr Spaß und ist nicht so Zeitaufwendig und du kannst mit jedem einzelnen andere Motive machen, sodass du mit deinen Anzeigen interessant bist.

Bitte immer in dein Inserat die Elterntiere mit abbilden, die Leute fragen sehr oft danach und es macht dann nur unnötig Arbeit.

Bitte Alles an Untersuchungen der Eltern und der Tierbabys, Mitgaben –Decke –Futter usw., eben Alles Wissenswerte, nett verpackt in den Text, damit du nicht die ganze Zeit nur beschäftigt bist, Fragen der Interessenten zu beantworten.

Der Kunde soll vorher schon das wichtigste wissen, außerdem sieht es gut, ehrlich und seriös aus.

Der Kunde möchte ja auch wissen, was er für sein Geld bekommt, bitte schau dir danach das Inserat nochmals geschalten an und korrigiere sofort deine Fehler.

Nimm bitte unbedingt die Stellung des Kunden ein, würdest du bei diesem Inserat einen Hund oder eine Katze kaufen wollen?

Ist deine Anzeige ansprechend, auffällig, süß?

So, du bist so weit, die ersten Kunden haben sich angemeldet, Prima, es geht los.

Beim ausmachen des Termins habe ich den Leuten schon mitgeteilt, dass wenn sie ihren neuen Liebling reservieren möchten eine Anzahlung fällig wird.

Somit weiß der Kunde bevor er zu dir kommt, dass er im Falle des Falles Geld dabei haben muss.

Das spart euch beiden viel Zeit.

Dann frage ich vorher schon ab, ob sein Vermleter Tiere erlaubt, ich hatte es leider schon oft, dass es vorher nicht geklärt war und der Verkauf nicht zu Stande kam.

Das kennenlernen ist im vollen Gang, bitte vergessen sie vor lauter *süß* nicht Ihre Zeit, verdaller nicht sinnlos deinen ganzen Tag.

Hast du das Gefühl, der Kunde kauft, er hat sich für ein Tier entschieden, leite Ihn zum Abschluss, stelle die Frage, wann er gedenkt das Tier zu sich nach Hause zu holen, wann er es eingeplant hat.

Spätestens dann merkst du, ob er kaufen möchte oder nicht, dann solltest du die Abschlussfrage stellen, und den Vertrag machen.

Wichtig ist nochmals deine Zeit ist wertvoll, du kannst nicht für jeden Kunden, oder auch Nichtkunden 3 Stunden rumsitzen!

Das wirst du aber irgendwann ganz allein merken, natürlich sollten die neuen Besitzer Zeit genug haben um auszuwählen und zu überlegen, aber nicht ewig.

Baue aber auf keinen Fall Druck auf, das bringt Garnichts, wenn ich merke, das wird nichts, die Leute sind nicht interessiert beende ich relativ schnell und schieb sie mit dem netten Satz * schlafen sie doch nochmal darüber * zum Tor.

So habe ich nicht allzu viel Zeit investiert, überreden müssen und wollen wir niemanden.

Thema Zusatzverkäufe:

Mein wertvollster und nachhaltigster Rat an dieser Stelle ist, dich ein Stück weit und auch längerfristig gesehen von deiner Hundezucht unabhängig zu machen.

Was ist, wenn mal 2, 3 Hündinnen nacheinander nicht tragend werden?

Was ist, wenn die mehrere Welpen sterben, vielleicht schon angezahlte?

All das hab ich hinter mir, wahrscheinlich schon jeder größere Züchter.

Und jetzt?

Verkaufst du aus Geldmangel etwas? Gehst du vielleicht nebenher Arbeiten?

Was tust du?

Jetzt wäre es sinnvoll ein zweites Standbein zu haben, oder?

Ich habe da eine prima Geschäftsidee für dich!

Ruf mich einfach an oder schreib mir eine E-Mail und ich erklär es dir in einem persönlichen Gespräch.

Zusatzverkäufe sind beispielsweise Futter, Leine, Halsband, Bettchen / Körbchen, Katzenstreu usw., eben Alles was du meinst was der neue Hunde oder Katzenbesitzer so braucht und was du dir hinlegen kannst, damit es der Kunde direkt mitnehmen kann.

Er braucht es sowieso, und du redest sowieso über die Themen, warum solltest du dir dabei nicht etwas Geld zusätzlich verdienen?

Ist doch prima und macht Spaß!

Nehmen sie nur Ihren zuckersüßen ausgewählten Welpen mit, oder möchten sie gleich hier bei mir eine Leine, Halsband anprobieren und kaufen?

Das Futter, was Ihr Welpe / Kitten die letzten Tage / Wochen gefressen hat, können sie auch gleich bei mir kaufen, damit er / sie keine Futterumstellung hat, kein Durchfall bekommt oder Ähnliches. Möchten Sie den 10kg Sack oder den 15kg Sack, der etwas günstiger ist mitnehmen?

Das macht Spaß!

Ich hab mich teilweise mehr über die Zusatzverkäufe als über den eigentlichen Hundeverkauf gefreut! (O;

Und stell dir vor, du kannst auch noch dauerhaft, ein Tierleben lang von den Futterkäufen des Kunden profitieren...

Interesse geweckt?

Dann ruf mich schnellstmöglich an, oder schreib mir eine E-Mail.

Sie finden auch noch zusätzliche Tipps auf meinem Youtube-Kanal:

Kathleen Baron * Hunde & Katzenberater*

Dort finden sie auch noch 2 Videos zum Thema Zusatzeinkommen für Züchter..

3. Richtiges einsparen

Ich kenne so viele Züchter, die so viel Geld sinnlos in Ihre Hunde und auch in die Hundezucht investieren, dass es geradezu weh tut, wenn dann aber dringend Geld benötigt wird, z.B. für einen tollen Deckrüden-die Deck taxe, einen tollen Zuchthund, den sie sofort kaufen könnten usw. dann ist kein Geld da!

Das ist einfach nur ärgerlich, es kommen so oft gute Chancen, die dann nicht ergriffen werden können!

Bitte bedenke auch das Finanzamt möchte sein Geld von dir!)O;

Warum musst du unbedingt einen Ultraschall, oder eine andere Art von Schwangerschaftsuntersuchung machen lassen?

Die arme Hündin oder Katze wird dem Stress & der schädlichen Strahlung ausgesetzt und dafür zahlst du auch noch, also bitte lass den Quatsch, ein paar Tage später siehst du sowieso ob sie tragend ist, oder nicht!

Ausgenommen ist natürlich auch hier, wenn etwas nicht *normal* ist, dann sollte natürlich stets ein Tierarzt ausgesucht werden, aber doch nicht, nur weil du neugierig bist!

Zudem sind diese ersten Untersuchungen sowieso sehr ungenau, gehst du zu früh, musst du vielleicht noch ein zweites Mal los, weil der Tierarzt nicht mit 100% Sicherheit die Trächtigkeit bestätigen kann, gehst du, und die Trächtigkeit wurde festgestellt kann die Stückzahl nicht genau bestimmt werden und du bist während der Geburt verunsichert, und gehst dann vielleicht nochmal los!

Also, das braucht kein Mensch und kein Tier!

Dann das Thema Gehege, wenn die Tiere draußen leben, oder teilweise draußen leben, bitte kauf dir von Anfang an etwas vernünftiges, stabiles und unkaputtbares, du reparierst dich sonst zu Tode!

Investiere einmal richtig und du hast am Ende viel Geld gespart!

Auch bitte das Thema Bau vorher mit Allen Ämtern abklären, bevor du wieder abbauen darfst!

Du wirst es nicht glauben, aber das Bauamt, ja das Bauamt kann dir deine Zucht schließen, bitte erkundige Dich vorher genauestens in welchem Bereich du mit deinem Grundstück liegst.

Im schlimmsten Fall kannst du dir immer noch etwas woanders dazukaufen oder pachten.

Zu Tode sparen kannst du dich natürlich in diesem Geschäft nicht, deine Tiere sollten schon bestens versorgt sein.

Du kannst schauen, das du so viel wie möglich von den Firmen Gratis bekommst, es gibt meist Bonusprogramme, wenn du dich hier einträgst kannst du zusätzlich Prämien oder auch Futter bekommen.

Hundedecken und Zubehör gibt es mehr als genug zu verschenken, inseriere einfach was du suchst oder schau, was andere verschenken!

Ich empfehle Dir auch dringend Wasser aufzufangen oder einen Brunnen zu bohren, du wirst nach nur wenigen Jahren auch da die Kosten wieder Drin haben, Wischwasser, Waschwasser, Hundenäpfe zu befüllen kannst du somit gratis und nachhaltig Umweltfreundlich.

Sparsame Wärmequellen, ist auch hier ein wichtiges Thema, bitte beim Kauf auch unbedingt auf den Verbrauch achten, bei uns Züchtern laufen diese ja teilweise wochenlang durch, da kommt am Ende ein ganzschönes Sümmchen raus.

Bitte bedenke auch, dass du bei deiner zuständigen Gemeinde eine Zwingersteuer beantragen kannst, bei Vollgewerblicher Zucht natürlich eine vollkommene Befreiung, das können aufs Jahr gerechnet einige Hundert Euro ausmachen.

Ich bin einfach hingegangen, habe vorgesprochen & Alle Gewünschten Unterlagen nachgereicht.

Der Zuchtverein ist auch immer ein Thema, dieser muss nicht teuer sein, die Jahresgebühr und die Kosten pro Ahnentafel müssen auch hier verglichen werden, insbesondere wenn du viele Welpen / Kitten verkaufst.

Hier möchte ich etwas Werbung für unseren Verein machen, es ist sehr unkompliziert und Wirklich günstig, besuch doch einfach mal die Webseite und schau dich um:

www.tierzuchtverein-deutschland.de

Du bist herzlich willkommen.

Tierzuchtverein
Ihr Verein für Hund & Katz

Telefon 03564-3187812

Sie wollen Mitglied in einem Verein werden?

Wir bieten

Vereinszugehörigkeit mit Gleichgesinnten, Tierliebhabern und Züchtern, stets ein offenes Ohr, 21 Jahre Zuchterfahrung - Wissen rund um die Auswahl des Richtigen Hundes, Haltung, Pflege, Anschaffungszubehör, Versicherung, Hundesteuer, Tierarztbesuche, sowie Urlaube mit Ihrem Hund, Ihrer Katze.

Kontaktieren Sie uns, Fragen Sie uns
HVD e.V., Schmiedeweg 8, 03130 Spremberg
www.tierzuchtverein-deutschland.de

4. Qualität gern, aber bitte keine Perfektion

Du kannst nicht mehr als dein Bestes geben, du wirst nie einen perfekten Hund für deine Zucht finden, du wirst nie den gesündesten Hund für deine Zucht finden, also mach es dir einfach zur Aufgabe dein Bestes zu geben.

Ich würde heut auch viele Dinge anders, besser machen als vor über 20 Jahren, als ich begonnen hab, aber ich habe meistens mein Bestes gegeben, oder er wenigstens versucht.

Es gibt Züchter, die einfach nie den perfekten Deckrüden oder Deckkater finden, damit vergehen teilweise Jahre, wertvolle Jahre um weiterzukommen, du hättest dir somit längst Nachzuchten behalten können und dann wieder das passende, fast perfekte Gegenstück verpaaren können und hättest qualitativ gute Welpen oder Kitten.

Also fang an, perfekt wirst du es nie hinbekommen, für dich nicht und für den zukünftigen Besitzer nicht, aber du kannst wachsen und Erfahrungen sammeln und es besser und besser machen.

Aber wenn du nie anfängst....

Es gibt auch tatsächlich Züchter, die nie den passenden Zeitpunkt zum Beginnen finden, sie haben viel Geld und Zeit investiert, wissen in der Theorie vieles, aber stets passt der Deckzeitpunkt nicht, angeblich ist die Hündin nicht soweit, dann ist es Frühjahr, dann Sommer, dann Herbst und dann auch noch der Winter, wo es nicht passt!

Was soll der Quatsch, es ist nie der perfekte Zeitpunkt!

Also beginne und wachse mit deinen Aufgaben!

Selbst wenn du deiner Meinung nach die Schönsten und Gesündesten Tiere miteinander Verpaarst, kann etwas Unerwartetes rauskommen, das ist keine Garantie für Schönheit, Ausstellungssieger oder Top Gesunde Nachkommen.

Aber wenn du jetzt nicht beginnst wirst du es nicht wissen.

Wenn du jetzt nicht beginnst kannst du nichts beitragen zur Verbesserung oder gar Rettung deiner Rasse.

Viele Rassen sind ja schon vom Aussterben bedroht, da ist die Auswahl eines Deckrüden eh nicht mehr groß.

Natürlich solltest du hier nicht ins andere Extrem fallen und einfach irgendwas miteinander verpaaren, du möchtest dir doch einen guten Ruf aufbauen, und längerfristig züchten, oder?

Meine Empfehlung ist ein Deckrüde / Deckkater in Spitzenqualität und Gesundheitszeugnis, bei deinen Hündinnen, oder Zuchtkatzen kann dann auch mal eine dabei sein, die nicht *perfekt* ist, da der Ausgleich dennoch zu einer Top Qualität führen kann.

Das männliche Tier wird aber immer rein rechnerisch gesehen mehr Nachkommen zeugen können, als das Weibliche.

Außerdem erlaubst du ja vielleicht auch das Fremddecken und dafür brauchst du einfach ein TOP-Tier.

5.Ganz wichtig ist deine Ausdauer

Ich habe so oft am Liebsten aufgeben wollen, wenn ein Kaiserschnitt schief lief, eine Hündin gestorben ist, oder Welpen, wenn mehrere Interessenten nacheinander abgesagt haben.

Ich denk das ging jedem in allmöglichen Lebenssituationen schon einmal so.

Aber auch hier in deinem Geschäft, wird nicht immer alles glatt laufen. Wir arbeiten ja irgendwie Alle mit Lebewesen zusammen, also läuft überall mal was nicht rund, also bleib dran und halte durch, es kommen wieder bessere Zeiten.

Da wir Züchter aber unsere Tiere ins Herz schließen tut es auch mächtiger weh, als wenn wir eine normale Arbeit tun und / oder einen Schuhladen führen würden.

Beispiel: Du hast einen Wurf zu liegen, Interessenten kommen, du investierst deine Zeit, Nerven und vielleicht noch Kaffee und Kuchen, das mehrmals hintereinander, doch Alle sagen vor dem Kauf ab, jeder Mensch bekommt da die Krise und Zweifelt an sich selbst.

Bitte verfalle jetzt nicht in Selbstmitleid, rede nicht länger als nötig über diese Leid, schimpfe nicht über diese Leute, denke in die richtige Richtung, mache es beim nächsten Mal besser, korrigiere Dich.

Geh nochmals die Verkaufsgespräche durch und werde besser, schau dir deine Fehler die du gemacht hast ehrlich an und werde besser.

Schiebe nicht die Schuld auf die Käufer, die Hunde, womöglich auf deinen Partner oder sonst wen, schau was du selbst verbessern kannst.

Denke positiv, schreibe neue Anzeigen und suche neue Kunden.

Auch wenn dir Welpen oder mal Zuchthunde sterben, ich weiß, wie es ist, Scheiße!

Aber es kommen neue Generationen, wenn du dir Nachzuchten aus tollen Würfen behältst hast du ja auch immer wieder dein eigenes Blut in der Zucht.

Aber auch hier, wenn du ein offenes Ohr brauchst und vielleicht einen Schups nach vorn kannst du mich gern anrufen.

Da ich das alles selbst hinter mir hab und nicht aufgegeben hab kann ich dir gut in dieser Situation zur Seite stehen.

Also, gib niemals auf, Krisen gibt es in jedem anderem Job auch, selbst wenn du etwas anderes machst und aussteigst gibt es Herausforderungen und Niederschläge mit denen du vielleicht nicht gerechnet hättest.

Die Zucht von Tieren ist ja Gott sei Dank auch eine sehr schöne und dankbare Arbeit, wenn ich an die ganzen glücklichen Hundekäufer mit teilweise Tränen in den Augen denke, die ich glücklich machen durfte. Toll.

Oder auch an meine Hunde, wieviel ich gelacht hab über sie, und immer noch lache, Tiere bereichern doch unser Leben ungemein, oder?

Ich bin nach wie vor begeistert von der Zucht, auch wenn es zwischendurch Tiefpunkte gab.

Am besten so gut es geht annehmen und daraus schlauer werden und auch hier wachsen.

Also halte durch, du wirst es nicht bereuen und deine lieben Tiere werden dich trösten und es Dir danken.

6. Kalkulierte Risiken eingehen

Ich habe mal einen Hund verkauft, wo ich genau wusste, dass die Käuferin dafür einen Kredit aufgenommen hat, das war das erste, was mir zu diesem Kapitel eingefallen ist, ich habe das bis heute nicht ganz verstanden.

Für sie war es Liebe, und sie wollte diesen Hund unbedingt haben.

Wer weiß wie viele Käufer das auch getan haben, von denen ich es nicht wusste.

Also, ich werde dir davon abraten einen Hund auf Kredit zu kaufen, dein Nutzen aus diesem Hund hast du ja erst später, oder vielleicht nie, vielleicht erfüllt er nie das, wofür du ihn gekauft hast, und dann zahlst du wo möglich Monate dafür ab und kannst wichtige Dinge vielleicht in dieser Zeit nicht zahlen.

Bitte überleg dir genau, ob es unbedingt nötig ist, und ob der Nutzen so groß ist.

Ich habe mir auch nach schmerzlicher Selbsterfahrung angewöhnt ein Tier nur nach voller Bezahlung mitzugeben, von Ratenzahlung rate ich dringend ab.

Es mag ja vielleicht ehrliche Menschen geben, und auch die, die bis zum Ende abzahlen, aber ob du diese gerade an deinem Tisch sitzen hast?

Erst einmal weißt du nie ob du das Geld für das Tier auch in voller Höhe bekommst, zum Zweiten, wenn sich die Leute nicht einmal die Anschaffung des Tieres leisten können, was ist dann, wenn eine größere, nicht vorhersehbare Tierarztbehandlung auf sie zu kommt, oder die ganz normalen Unterhaltungskosten für das Tier?

Und am Ende, wovon sollst du selbst mit deinen Tieren leben, wenn du jedem Monat deinem Geld hinterherrennen musst?

Nein, bitte tu es nicht, für jedes Tier, was du zu verkaufen hast, finden sich früher oder später die Richtigen Käufer, das ist ein Versprechen!

Dir selbst rate ich auch deine Rechnungen stets sofort zu begleichen, Deckgebühr, Tierarztkosten usw. oder möchtest du dich noch ewig mit anderen Leuten rumstreiten oder gar schlecht machen lassen?

Außerdem fühlt es sich gut an, wenn du mit dir im reinen sein kannst.

Für deine Zukunft ist es auch ratsam dir einen Plan zu machen, einen Zielfahrplan, was möchtest du in diesem Jahr erreichen, in welche Richtung soll es mit der Zucht gehen?

Möchtest du Champions?

Dann solltest du reichliche Ausstellungen einplanen.

Möchtest du einen guten Verkauf?

Dann solltest du dich im Punkt Verkauf schulen, Bücher lesen und.. verkaufen!

Wichtig, du brauchst Ziele und eine Richtung, in die du gehen möchtest, natürlich können diese auch ausgetauscht werden, aber bevor du losläufst solltest du wissen in welchen Richtung, und wohin du mit deiner Zucht willst, was dir wichtig ist.

Viel Spaß dabei.

7. aus Fehlern lernen

Mach nach Möglichkeit niemals einen Fehler zweimal!

Ha, dass ist leicht gesagt.

Natürlich musste ich auch viele Fehler mehrmals machen, damit sie für die Ewigkeit gesessen haben,

ich bitte Dich tue es nicht.

Sollte ein Rüde oder Deckkater nicht decken wollen, nimm einen anderen, lasse die Rolligkeit oder Läufigkeit nicht ausfallen, nur weil du es fest so geplant hast.

Such dir immer zur Sicherheit eine zweite Wahl, am Besten in der Nähe, damit du nicht allzu viel Zeit verschwendest.

Wenn du dir einen teuren Deckrüden gekauft hast, und er bringt nichts Gutes an Nachzuchten, gib ihn weg, probiere nicht ewig!

Auch Tiere die aus der Zucht gehen sollen, suche rechtzeitig ein schönes neues zu Hause für sie, du kannst und solltest nicht alles behalten und durchfüttern.

Die Plätze in der gewerblichen Zucht schreibt dir das Amt vor, bekommst du 15 ausgewachsene zuchtfähige Tiere genehmigt kannst und solltest du nicht 5 Tiere behalten, die zur Zucht nicht zugelassen sind, nur weil du sie so liebst, dann bringe sie bei Freunden oder Bekannten oder gar Nachbarn unter, dann siehst du sie ab und an, aber sie nehmen dir in deiner Zucht keinen Platz für einen potentiellen Zuchthund oder die Zuchtkatze weg.

Solche Tiere zu behalten wäre in diesem Falle absolut geschäftsschädigend.

Hast du dich für einen Rasse entschieden oder einen Farbschlag, der sich immer wieder schlecht verkaufen lässt, ändere es, oder schaff dir zusätzlich einen andere Rasse dazu an, die besser läuft.

Kommen wir wieder zum Beispiel mit dem Schuhladen, einmal einen schönen Schuh bist zur Größe 45 bestellt, die Größe 45 geht aber nicht raus, dann merkst du doch, dass die Größe 45 bei dir nicht geht, und wirst das nächste Mal nur bis Schuhgröße 44 bestellen oder?

Du wirst dir doch nicht in deinem Größen begrenzten Schuhladen Schuhe hinstellen, die du eh nicht verkauft bekommst, oder?

Da hoffe ich lernst du draus, also bitte betrachte deine Zucht auch immer aus dem wirtschaftlichen Aspekt, nicht nur vom Herzen, sonst wirst du bald nicht mehr das nötige Geld aufbringen können um euch alle satt zu bekommen.

Sollte eine Verpaarung mal ein schlechter Wurf werden, verpaare diese 2 bitte nicht mehr miteinander, oder teste es maximal noch einmal aus, sollte es wieder nix werden, Finger weg.

Wenn du unbedingt aus dieser Linie etwas haben möchtest, geh eine Generation weiter, und teste das, natürlich kann beim 2ten mal alles glatt gehen, und dann eine Generation überspringen, aber weshalb nochmal riskieren?

Fragen, Fragen, Fragen stellen, das solltest du dir auch angewöhnen, frag viele andere Züchter aus und lerne auch aus deren Erfahrung, so kannst du viele teure Fehler vermeiden.

Gern kannst du mich dazu natürlich auch anrufen.

Ich habe auch viel zusätzlich von anderen Züchtern gelernt und tue das auch noch heute.

Viele gute Bücher über die Zucht von Hund und Katz gibt es ja leider nicht, also müssen wir aus Erfahrung lernen.

Einer meiner großen Fehler war, dass ich mir nur sehr selten Hilfe genommen hab, auf Freizeit und Urlaub verzichtet habe, ich habe viele Jahre nur für meine Hunde gelebt, dass würde ich heute nicht mehr so machen.

Bei vielen Züchtern sehe ich dass leider auch, sie haben weder Zeit für Ihre Liebsten noch Zeit sich selbst mal etwas auszuruhen und sich zu erholen, leider werden sie dann oft krank.

Ganz klar, der Körper braucht auch ab und an Zeit um sich zu erholen.

Ich denke ein Geschäft, egal welcher Art muss so viel Geld abwerfen, das sich der Chef mal ab und an eine Auszeit gönnen kann, sonst solltest du dir einmal unbedingt die Einnahmen und Ausgaben genau anschauen und etwas verändern, etwas optimieren, vielleicht ja auch anhand der Tipps aus diesem Büchlein.

8. Offen sein für neue Ideen

Ich stelle fest, dass die meisten Menschen und natürlich auch Züchter mit dem *offen sein* so Ihre Probleme haben und vielleicht auch in der Zucht nicht mehr ganz auf dem neusten Stand sind.

Hierzu fallen mir als erstes die ganzen neuen Farben und Hybriden ein, als einer der Ersten hatte ich in Deutschland silberne und charcoal, foxred & champagner Labradore, leider lieg ich sehr sehr weit im Osten Deutschlands und somit habe ich nicht die Beste Verkaufslage.

Ich will keine Schuld auf etwas schieben, aber ich habe diese Esten Farb-Labradore nicht so gut verkauft, vielleicht war ich auch etwas zu früh dran, dann habe ich auch Doodle ausprobiert, die gingen ganz gut, und die Käufer waren sehr begeistert von diesen tollen Hunden, wäre ich länger als nur für 2,3 Würfe dabei geblieben hätte ich viele weitere Welpen allein über Empfehlungen verkaufen können.

Also bleib auf Alle Fälle offen.

Versteife dich nicht auf bestimmte Farben oder Rassen, wenn du beispielsweise Labrador Züchter bist und erwartest schon 2,3 Würfe, vielleicht auch nur 2 oder 3 verschiedene Farben, warum dann nicht die Hündin, die jetzt auch noch läufig geworden ist mal mit einem Pudel eindecken?

So sprichst du mehr Interessenten an und hast mal ganz andere Farben zu verkaufen und ja letztendlich auch eine andere Rasse, ohne große Umstellung.

Warum nicht? Du bist doch dein eigener Herr!

Und auch ich musste hier viel dazulernen, beispielsweise waren wir die ersten, die einen Zuchtverein, unseren HVD e.V. gegründet haben, für Hund und Katz in Einem.

Das war auch neu, außerdem sind die Züchter in im HVD e.V. selbstbestimmter und freier, heutzutage wird der Züchter ja schon fast versklavt, er muss ja schon vor der Zucht so viel mit dem Zuchttier veranstalten, und natürlich auch investieren, aber eine Garantie auf die Gesündesten und Schönsten Welpen und Kitten der Welt bekommen sie dadurch auch nicht.

Eine Ahnentafel ist doch immer noch eine Ahnen-Tafel und kein Garantieschein für Irgendetwas.

Also sind unsere Züchter wesentlich freier als in anderen Vereinen.

Und ich finde es toll.

Gesetze haben wir in Deutschland ja wirklich mehr als genug, auch schon was die Zucht von Tieren angeht.

Also lieber Züchter, mach dich frei!

Sei offen.

Probiere mal was aus, warum nicht einmal ein Hybrid?

Gesünder für die Rasse ist es allemal, solang es zum Vorteil der Rasse ist!

Vielleicht gibt es ja auch sonst schon Wege, deine Arbeit zu erleichtern, auch da solltest du offen bleiben, dich weiterbilden und andere Kollegen fragen…

Deinen Verkaufspreis möchte ich auch hier ansprechen, früher war ich immer sehr fest bei den Preisen, jetzt schreibe ich stets VB zum Preis und habe festgestellt, dass die wenigsten, oder genauso viele Käufer wie früher nach einem Nachlass fragen, ich habe es mir angewöhnt mit mir reden zu lassen.

Natürlich gebe ich keinen riesen Nachlass, aber machen wir das nicht auch so, und fragen beim Autokauf oder so nach einem besseren Preis?

Es möchte doch jeder ein *Schnäppchen* machen, oder?

Wie gesagt, manchmal geh ich etwas runter, manchmal gebe ich auch einfach etwas gratis mit dazu.

Du siehst, auch hier ist es ein Vorteil Leine, Halsband, Futter oder gar Hundebetten im Bestand zu haben, wenn du zu einem Hund ein Hundebett, was im Einkauf 10€ gekostet hat gratis dazu gibst, anstatt 50€ vom Kaufpreis des Hundes runter zu gehen.

Besser offen sein, etwas runter gehen, anstatt ausgerechnet dieses Tier noch Wochenlang zu füttern bevor wieder neue Interessenten für dieses Tierchen kommen.

So ging es mir schon einige Male und ich hab mich wirklich danach mehrere Tage geärgert, gerade wenn du eine große Zucht hast kommen ja wieder Jungtiere nach, da wird jeder Platz gebraucht.

Und 50€ runter zugehen, oder gar 100€ macht dich in dem Falle wohl nicht Ärmer oder reicher, oder?

Und ich denke gerade diese Käufer werden dich als Guten Züchter gern weiterempfehlen, wodurch du wieder deinen Nutzen hast.

9. Um Weiterempfehlung bitten

Macht es dir was aus, deine Kunden oder auch Nicht oder Noch Nicht Kunden um etwas zu bitten?

Sag Ihnen, du würdest dich riesig freuen, wenn sie dich jederzeit weiterempfehlen.

Ich empfehle Dir eine nette Postkarte oder ein Briefchen deinen Kunden ein paar Tage oder Wochen nach dem Kauf hinterher zuschicken.

Eine schöne Ansprache, ein nettes Dankeschön, Liebe Grüße und dann.. deine Bitte um weiter Empfehlung.

Ich kenne eine Hundezüchterin, die verkauft ca. 50% Ihrer Welpen rein aus Empfehlungen, das ist doch toll.

Natürlich braucht es viel Vorlaufzeit und eine gute Zucht, aber wenn du gleich bei deinem ersten Welpen, oder ab sofort damit beginnst wirst du bald deine Früchte ernten!

Auch bei dem Geschäft mit der Hunde und Katzenzucht kann man eine Kundenbetreuung oder Kundenbindung durchführen.

Und auch da kannst du wachsen, auch Nicht Kunden oder Besitzer die einen nicht ganz so gelungenen Welpen gekauft haben können dich weiterempfehlen.

Sollte es einmal Ärger mit einem Käufer geben, kannst du Ihm auch eine nette Geste zukommen lassen und ein kleines Dankeschön hinterherschicken, zum Beispiel, dass er sich so gut mit dir geeinigt hat, oder das er auf dein Angebot eingegangen ist, oder das er Garnichts von dir gefordert hat, da hast du ja echtes Glück gehabt, bei der heutigen Gesetzeslage für uns Verkäufer.

(Ganz wichtig hier dazwischen mein Rat, wenn du im Nachhinein eine Kaufpreisminderung mit dem Käufer vereinbarst, oder den Hund zurücknimmst oder sonstiges IMMER schriftlich festhalten! Damit auch hier wieder jeder auf der Sicheren Seite ist, IMMER)

Und mal ganz ehrlich, würdest du dich nicht über ein kleines Päckchen freuen?

Eine kleine nette Karte, etwas Süßes und vielleicht ein Leckerli für die Fell Nase?

Da sollte dich doch auch ein anfangs vielleicht verärgerter Kunde weiterempfehlen, oder was meinst du?

Ganz wichtig ist auf Alle Fälle im Gespräch bleiben und eine Lösung finden, bevor es schlecht für dich ausgeht, die Gesetzes Lage steht ja zur Zeit nicht gerade auf der Seite des Züchters.

Früher habe ich auch nie wirklich irgendwo erzählt dass ich Züchter bin, vielleicht hab ich mir da auch ein paar Geschäfte versaut, denn seit dem ich das tue komme ich mit vielen Menschen mehr ins Gespräch, auch in längere Gespräche und werde auch da weiterempfohlen.

Jeder sollte wissen, was du im Angebot hast!

10. Achte auf Dich selbst & deine Zeit

Immer wieder haben Züchter das Problem mit dem Zeit Management & viel zu wenig Zeit für sich & Ihre Familie.

Hierfür eine kleine sehr schöne Geschichte von einem alten Professor, der einen Vortrag zum Thema Zeitmanagement halten sollte:

Ein alter Professor wurde beauftragt vor einer Gruppe von Geschäftsleuten einen Vortrag zum Thema Zeitmanagement abzuhalten.

Der alte Professor hatte nur 1 Stunde Zeit zur Verfügung um seine Botschaft zu überbringen.

Vor dieser Gruppe von Geschäftsleuten, die bereit waren alles mitzuschreiben kündigte der alte Professor an, ein kleines Experiment mit Ihnen durchführen zu wollen.

Er platzierte vorsichtig einen großen Krug aus Glas auf den Tisch und fing an Ihn langsam mit etwa einem Dutzend Tennisball großer Steine zu befüllen.

Er setzte die Steine behutsam in den Krug, bis dieser randvoll war.

Der alte Professor sah ins Publikum und fragte „Ist der Krug voll?"

Die Antworten lauteten „Ja", er fragte nochmal hinterher „Tatsächlich?"

Daraufhin bückte er sich und holte ein Gefäß mit Kieselsteinen vor und füllte langsam den gesamten Glas Krug auf.

Erneut fragte der alte Professor sein Publikum „Ist der Krug voll?"

Die Teilnehmer waren verunsichert, „Wahrscheinlich nicht" antwortete Einer.

„Gut" sagte der Professor, er bückte sich erneut und diesmal einen Eimer Sand hervor.

Bedächtig goss er den Sand in den Glas Krug, der Sand füllte die Zwischenräume der großen Steine und der Kieselsteine.

Noch einmal fragte der alte Professor ob der Krug nun voll sei, ohne langes Zögern antworteten die Geschäftsleute „Nein". – „Gut" sagte der Professor, gerade als ob die hochgepriesenen Schüler eine Fortsetzung erwarteten, nahm der Professor eine Kanne voll Wasser und goss das Wasser in den Glas Krug, bis er randvoll war.

Nun erhob sich der alte Professor und befragte sein Publikum „Was will uns dieses Experiment sagen?"

Der wohl mutigste unter den Geschäftsleuten meinte in Anbetracht des Kurs-Themas „Es zeigt uns wohl, dass wir sogar dann wenn wir meinen unser Terminkalender ist randvoll, noch weitere Termine vereinbaren und Dinge erledigen können, wenn wir es nur wirklich wollen!"

„Nein" erwiderte der Professor – „darum geht es nicht. Die große Wahrheit, die uns dieses Experiment aufzeigt ist die Folgende: Wenn wir nicht als erstes die großen Steine in den Krug gesetzt hätten, würden wir die anderen Dinge nicht mehr hinein bringen.

Tiefes Schweigen machte sich breit, offenbar leuchteten seine Worte den Geschäftsleuten ein.

Was sind die großen Steine in deinem Leben?

Familie, Freunde, Gesundheit, Ihre Zucht – das Geschäft von dem sie leben (möchten), deine Träume?

Oder, etwas ganz anderes?

Wie du in dieser wie ich finde einleuchtenden Geschichte lesen konntest ist die Kunst das für dich Wichtigste und das erforderliche für deinen Umsatz zuerst zu erledigen.

Mach dir einen guten Plan, wie du täglich vorgehen möchtest und das Wichtigste Arbeite konzentriert, lass dich nicht ablenken.

Du wirst staunen, wieviel du schaffen kannst, wenn du nur bei der Sache bleibst, keine sinnlosen Emails beantworten, kein Getratsche am Telefon oder bei Facebook mitmachen, oder gar den Fernseher einschalten, dass alles lenkt dich nur von deinem Tages / Wochenplan ab.

Du solltest dir unbedingt freie Zeit nur für dich eintragen, um auch einmal abschalten & entspannen zu können, deine Arbeit ist anstrengend genug, auch für deinen Körper – gönne dir das.

Ich weiß aus eigener Erfahrung, wie schwer es ist abzuschalten und auch mal das Geschäft / die Zucht zu verlassen, aber wenn du nicht auf dich achtest, wird das Leben an dir vorbeiziehen ohne das du es wirklich gelebt hast.

Also achte bitte auf Dich und deine Gesundheit, du bist die Wichtigste Person in deiner Tierzucht, du musst täglich bei klaren Gedanken und körperlich fit sein um deine Tiere bestens zu versorgen.

Wenn du bei etwas in deiner Zucht unzufrieden bist, ist es ab und an sehr nützlich Abstand zu nehmen und von außen draufzuschauen. Eine kleine Auszeit kann deine Kreativität steigern und dir werden schnell Verbesserungsmöglichkeiten einfallen. Natürlich kannst du auch jederzeit Züchterkollegen fragen oder mich anrufen, aus vielen Vorschlägen baust du dir dann deine eigene Idee.

11. Sei doch mal stolz auf dich!

Ich weiß selbst, wie es in der Zucht ist, du rennst von Tier zu Tier, von Käufer zu Käufer, vom Decken zum Decken und von Geburt zu Geburt usw. Abends gehst du einfach völlig kaputt aber meist glücklich ins Bett, du hast was geschafft, verkauft, tolle Menschen kennengelernt und liebe Tiere um dich gehabt. (bestenfalls (O;)

Das Problem ist nur, dass wir uns leider nie von Zeit zu Zeit mal wirklich anschauen, was wir geschafft haben.

Bitte bleib ab und an mal stehen, auch wenn gerade der Teufel los ist und schau dir an, was du alles auf die Beine gestellt hast, was du alles geschafft hast, an einem Tag, in einer Woche, in einem Monat und das ganze letzte Jahr.

Halte einfach mal Inne und sei stolz auf dich.

Wenn ich heute manchmal so zurückschaue, weiß ich wirklich manchmal nicht, wie ich das Alles –meist Allein- geschafft habe, auch das mein Körper das Alles so unbeschadet durchgehalten hat, sicherlich bin ich Abends ständig mit Rückenschmerzen ins Bett gefallen, wirklich krank war ich aber so gut wie nie.

Aber mal ganz ehrlich, bei Aller Freude an der Arbeit, nur für die Zucht zu leben wie ich es viel zu viele Jahre gemacht hab kann es doch auch nicht sein.

Bitte nimm dir eine kleine Auszeit und schau dir an, was du dir tolles erarbeitet hast und sei stolz auf dich und gönne dir was.

Vielleicht machst du einen Tag frei in der Woche, einen Wellnesstag, an dem du bestimmt jemanden findest, der sich um deine lieben Tiere kümmern kann, oder vielleicht alle 14 Tage oder einmal im Monat, fange an und genieße den freien Tag mal weg vom Geschäft.

Du solltest es dir wert sein.

12. Oft gestellte Fragen

Zucht-Rüde deckt nicht oder nicht mehr!

Hat ein Rüde noch nie gedeckt, solltest du Ihm Zeit geben, bitte nicht erst am Stehtag, am besten wäre es, wenn er vorher schon ein paar Tage mit der Hündin zusammen sein darf, nicht nur für ein paar Minuten sondern am besten den ganzen Tag.

Hört ein Deckrüde oder ein Deckkater auf zu decken, kann er natürlich Krankheitsbedingt ausfallen, die Zuchthündin / Katze passt einfach nicht, das gibt es auch, oder er will einfach nicht, dann wiederrum solltest du dem Rüden / Kater mal eine Weile fernhalten, oder nur für sehr kurze Zeit zur Hündin / Katze lassen, das wirkt manchmal schon Wunder!

Ansonsten kannst du natürlich auch pflanzliche Produkte oder Bachblüten einsetzen, das würde aber jetzt hier den Rahmen sprengen. (Mehr dazu gibt es später in meinem Züchterbuch)

Hündin / Katze mehrfach nicht tragend bekommen!

Die einfachste Lösung hier, Männlein & Weiblein mal dauerhaft zusammenlassen, ich habe auch eine Hündin 2 mal nicht tragend bekommen, bei der Dritten Läufigkeit hat der Rüde das ganz Allein aufgeklärt, er hat sie am 4ten Tag der Blutung gedeckt und sie wurde zum Ersten mal tragend, natürlich habe ich sie nie so früh gedeckt, danach dann natürlich immer so früh & sie war eine super Zuchthündin.

Also, jedes Tier ist anders, du musst einfach ausprobieren.

Natürlich gibt es auch hier schon super Präparate, damit die Hündin und Katze besser tragend wird, vor der anstehenden Läufigkeit oder Rolligkeit bitte entwurmen, das das Tier sauber in die Trächtigkeit geht. Zusätzlich empfehle ich immer Folsäure zu geben, auch gern schon vor dem Decken und auch gern die ganze Tragezeit über. Damit habe ich sehr gute Erfahrung gemacht.

Sollte ein Tier einfach nicht tragend werden kannst du auch mal über eine Antibiotika / Kortison kur nachdenken und deinen Tierarzt zu Rate ziehen, aber bitte vergiss auch den Männlichen Part dabei nicht auch zu prüfen oder ein anderes Tier auszutesten.

Ich hatte in meiner Zucht eine einzige Hündin, die ich nie tragend bekommen habe, sie stammte noch dazu aus meiner Eigenen Zucht und aus einem Spitzen Wurf.

Steigerung der Welpen Zahl!

Hier bitte auch die vorherige Antwort mit einbeziehen, natürlich ist auch die Mutter für die Welpen Anzahl mitverantwortlich, also bitte auch auf die Auswahl der weiblichen Zuchttiere achten und wenn es möglich ist nichts aus zu kleinen Würfen behalten.

Auch hier werde ich in meinem Zuchtbuch in die Tiefe gehen, mit einer Spitzen Tierheilpraktikerin, die mich schon seit fast 20Jahren in der Zucht begleitet, da werden wir auf einige Homöopathische „Wundermittelchen" zu sprechen kommen.

Wie kommen meine Zuchttiere zu guten Gesundheitsergebnissen?

Du kannst natürlich schon beim Kauf auf Untersuchungen der Elterntiere speziell auf Erbkrankheiten achten, diese sind dann automatisch frei von einigen.

Was bei Hunden die Gelenke angeht habe ich sehr gute Erfolge erzielt und empfehle dies auch meinen Welpen Käufern so: Ein Welpe sollte sich so wenig wie möglich bewegen, versteh mich nicht falsch, ich weiß wie junge Hunde sind, aber Joggen, Radeln usw. sollte erst ab 1,5Jahren begonnen werden, du tust dem Hund mit zu viel Bewegung anfangs nichts Gutes.

Dann empfehle ich natürlich ein hochwertiges Adult Futter, mit Welpen Futter ab der 8.ten Woche habe ich keine guten Erfahrungen, ab der 3.ten Woche dagegen schon.

Wie gesagt beim Katzenkauf achte bitte auf erbliche Krankheiten, die du bei deinem Kitten dann schon mal ausschließen kannst.

Amtliche Anmeldung!

Du bist in Deutschland verpflichtet ein Gewerbe / Zusatzeinkommen anzumelden sobald du einen Gewinn erzielen möchtest, und das möchtest du wohl, wenn du einen Wurf verkaufst und nicht verschenkst, oder?

Also, bevor es Ärger gibt sprich mit deinem Finanzamt und mache einfach eine Meldung, wenigstens als Kleinstunternehmer.

§11 Schein ist als Züchter denk ich auch ein wichtiges Aushängeschild, ich empfehle lies dir die Gesetze genauestens durch, Richte Alles so ein, wie es im Tierschutzgesetz steht, oder Baue nach Absprache mit dem Bauamt so, wie es das Tierschutzgesetz / das Veterinärsamt verlangt und dann lade dein für dich zuständiges Vet-Amt zur Besichtigung ein. Bei dem Termin werden dir die Mitarbeiter sagen wie weiter zu verfahren ist.

Aktuell entscheidet jede Gemeinde noch individuell, also kann ich hierzu nicht wirklich etwas sagen, außer dass du sie auf Alle Fälle in dein Vorhaben von Anfang an mit einbeziehen solltest, denn sie sitzen am längeren Hebel und entscheiden über deine Zucht.

Verkaufsflaute

Halte durch, bleib am Ball, investiere in TOP-Anzeigen, es gibt immer mal ruhigere Zeiten.

Nutze diese Zeit für dich, optimiere deine Verkaufs-Strategien, optimiere deine Anzeigen, mach neue Aushänge beim Tierarzt, im Tierladen oder in deinem Einkaufscenter.

Mach ein Rundumschreiben an deine Welpenkäufer und bitte um weiter Empfehlungen, auch bei Züchterkollegen, die vielleicht gerade keinen Nachwuchs Zu verkaufen haben.

Stelle lustige Videos, bei Facebook, Instagram oder auf YouTube ein, vielleicht werden dort potentielle Kunden auf dich aufmerksam.

Lies mal wieder ein Motivations oder Verkaufsbuch, besuche eine Weiterbildung, investiere einfach in diesen ruhigeren Zeiten in dein Geschäft und in die wichtigste Person in deinem Leben – in Dich!

So, das war es erst einmal in diesem kleinen Ratgeber. Natürlich kannst du mich jederzeit bei Fragen rund um deine Zucht per Youtube finden

Ich hoffe, dass dich dieses Büchlein neue Erkenntnisse gebracht hat.

Ich wünsche Dir viel Erfolg eine wunderschöne und lehrreiche Zeit in deiner Zucht, und vor allem das du auch auf dich achtest.

Alles Liebe Kathleen Baron

Printed in Poland
by Amazon Fulfillment
Poland Sp. z o.o., Wrocław

31316933R00016